AF340203

CATALOGUE

DES LIVRES

DE LA BIBLIOTHEQUE

DE FEU

M. HUET DE TORINY,

Ecuyer, Receveur Général des Finances.

DONT la Vente se fera, au plus offrant &
dernier Enchérisseur, le Mercredi 14 Mars
1781, & jours suivans, de relevée, en sa
Maison, rue Culture Sainte-Catherine.

Se trouve à PARIS,

Chez BLEUET, pere & fils, Libraires, sur
le Pont Saint Michel.

M. DCC. LXXXI.

que des Lettres de M. huit de fin.

2° vive le Roy du peuple de Paris sur
   du Parlement —————— 1774

3° Lettre de M. Keyser à un Libelle
   du S.t Thomas

4° Sieur de Soetie sur limandée exception
   Couronnées à Rouen ———— 1766

5° Scola platonica de [illegible] [illegible]. — 1721

6° apostolorum divisio

7° Shabi et Hamid à certamen
   [illegible] du [illegible] ——— 1728

8° Mémoire sur les eaux Minérales
   de Sally ————————— 1772

9° observation sur les liqueurs
   [illegible] ore [illegible] ——— 1763

10° [illegible] sur l'usage d'une nouvelle
    Découverte de Sucres, sirops et de
    tablettes d'orge par M. Chamousset — 1772

11° Discours prononcé aux Écoles de
    Médecine pour l'ouverture Solemnelle
    des Écoles de Chirurgie, par Monsieur
    Charles Louis françois andry &c — 1773

9452

Les Livres seront exposés dans l'ordre qui suit.

MERCREDI 14.

THEOLOGIE, depuis le Nᵒ. 1, jusqu'au Nᵒ. 2
Jurisprudence. 8 10
Sciences & Arts. 23 31
Belles-Lettres. 59 82
Histoire. 146 187

JEUDI 15.

Théologie. 3 5
Jurisprudence. 11 13
Sciences & Arts.. . . . . 32 41
Belles-Lettres. 83 101
Histoire.. . . . . .188. 240

VENDREDI 16.

Théologie-. 6 7
Jurisprudence. 14 17
Sciences & Arts.. . . . . 42 51
Belles-Lettres.. . . . . .102. 124
Histoire. 241 284

SAMEDI 17.

Jurisprudence.. . . . . .18. 22
Sciences & Arts. 52 58
Belles-Lettres. 125 145
Histoire. 285 313

CATALOGUE
DES LIVRES
DE LA BIBLIOTHEQUE
DE FEU
M. HUET DE TORINY,
Ecuyer, Receveur Général des Finances.

THÉOLOGIE.

ECRITURE SAINTE.

1 LA Sainte Bible, traduite en François, par Louis-Isaac le Maître de Sacy. *Paris*, 1725, 32 *vol. in-8.*

2 Le Nouveau Testament, traduit en François, avec des réflexions morales sur chaque verset. *Paris, Prallard,* 1693, 8 *vol. in-12.*

Interprête & Commentateur de l'Ecriture Sainte.

3 Principes discutés pour faciliter l'intelligence

A

des Livres prophétiques, par l'Abbé Sauchat. _Paris_, 1758, 16 vol. in-12. br.

Liturgies.

4 Livre d'Eglife Lat. & Fr. fuivant le nouv. Brev. de Par. contenant l'Office du mat. & de l'après-midi. _Paris_, 1740, 2 vol. in-18. m. n. d. f. t.

5 L'Office de la Semaine Sainte, à l'ufage de la Maifon du Roi. _Paris, Collombat_, 1750, 1 vol. in-18.

Théologien fcholaftique & moral.

6 Les Provinciales, ou Lettres écrites par Louis de Montalte (Blaife Pafcal) à un Provincial de fes amis, au fujet du relâchement de la morale des RR. PP. Jéfuites, par Guillaume Wendrock. _Amfterd._ 1735, 3 vol. in-12.

Traité facramental.

7 R. P. Thomæ Sanchez de fancto Matrimonii Sacramento difputationum juxtà exemplar. _Lugduni_, 1739, 1 vol. in-fol.

JURISPRUDENCE.

Droit Canonique.

8 Discours fur les Libertés de l'Eglife Gallicane, par M. l'Abbé Fleury, _au-delà des Monts_, 1765. 2 vol. in-12.

9 Procès inftruit extraordinairement contre MM. de Caradeuc de la Chalotais. 1768, 3 vol. in-12.

9 * Extrait des Affertions dangereufes & perni-

cieuses en tout genre, déposées au Greffe de la Cour. *Paris*, 1762, 1 *vol. in-4.*

Droit de la Nature & des Gens.

10 Le Droit de la Nature & des Gens, traduit du Latin de Samuel Puffendorf, par Jean Barbeyrac. *Amsterd.* 1712, 2 *vol. in-4.*

11 De l'Esprit des Loix, & Œuvres diverses de Charles Secondat, Baron de Montesquieu. *Londres*, 1757, 6 *vol. in-12.*

12 Le Droit public de l'Europe, fondé sur les traités, par M. l'Abbé Bonnot de Mably. *Genève*, 1764, 3 *vol. in-12.*

13 Principes de Négociations, pour servir d'introduction au Droit public de l'Europe, fondé sur les traités, par le même. *La Haye*, 1767, 1 *vol. in 12.*

Droit Civil.

14 Le Droit de la Guerre & de la Paix, par Hugues Grotius, nouvelle traduction de Jean Barbeyrac. *Amsterd.* 1729, 2 *vol. in-4.*

Droit François.

15 Mémoires pour servir à l'Histoire du Droit public de la France en matieres d'impôts. *Bruxelles*, 1 *vol. in-4. br.*

16 Mémoires concernant les Impositions & Droits en Europe. *Paris, Imprimerie Royale*, 1768, 4 *vol. in-4.*

17 Théorie de l'Impôt, par M. Victor de Riquetty, Marquis de Mirabeau, 1761, 1 *vol. in-12.*

18 Mémorial alphabétique des choses concernant la Justice, la Police & les Finances de

France sur le fait des Tailles. *Paris*, 1742, 1 *vol. in-4.*

19 Traité des Délits & des Peines, traduit de l'Italien, par M. l'Abbé Morrelet. *Paris*, 1773, 1 *vol. in-12.*

20 Traité de la Police, contenant l'Histoire de son établissement, les fonctions & prérogatives de ses Magistrats, & toutes les loix & réglemens qui la concernent, par Nicolas de la Marre. *Paris*, 1722, 4 *vol. in-fol. v. f.*

21 Nouveau Code des Tailles, ou Recueil des Ordonnances, Edits, Déclarations, Réglemens & Arrêts de la Cour des Aydes de Paris, sur le fait des Tailles. *Paris*, 1761, 3 *vol. in-12.*

Plaidoyers & Mémoires.

20 Les Causes célébres & intéressantes, avec les jugemens qui les ont décidées, par M. Richer. *Amst.* 1772, 16 *vol. in-12. dont quatre br.*

21 Les Epoux malheureux ou les Mémoires de Monsieur & Madame de la Bédoyere. *La Haye*, 1771, *quatre Parties brochées.*

22 Piéces originales & Procédures du procès fait à Robert-François Damiens. *Paris*, 1757, 1 *vol. in-4.*

SCIENCES ET ARTS.

Philosophes anciens.

23 BIBLIOTHEQUE des anciens Philosophes, contenant la vie de Pithagore, ses Symboles, la vie d'Hiéroclès, & ses vers dorés; les Commentaires d'Hiéroclès sur les vers dorés; les Œuvres diverses de Platon, trad. par Da-

cier; le grand Hippias, ou du Beau, traduit par de Maucroix; le Banquet de Platon, traduit par Jean Racine; les Loix & Dialogues de Platon, traduits par M. Grou. *Paris*, 1771, 9 *vol. in-*12.

24 Histoires des Philosophes anciens & modernes, par M. Savérien, avec leurs portraits gravés dans le goût du crayon par François. *Par. Bleuet*, 1773, 13 *vol. in-*12.

Morale, Économie, Politique.

25 Les Caracteres de Théophraste, traduits du Grec, avec les caracteres & les mœurs de ce siécle, par la Bruyere, & des notes par M. Coste. *Paris*, 1765, 1 *vol. in-*4. *g. p. v. m. f.*

26 De la Sagesse, ou les trois Livres de Pierre Charron, suivant la copie de Bordeaux. *Amst. Orléans*, 1768, 2 *vol. petit in-*12.

27 Maximes & Réflexions morales du Duc de la Rochefoucault. *Paris, Imprimerie de Monsieur,* 1779, 1 *vol. in-*32. *br.*

28 L'Ecole de l'Homme, ou Paralelle des portraits du siécle, Ouvrage moral. *Londres*, 1752, 3 *vol. in-*12.

29 La Philosophie du bon sens, par Jean-Baptiste Boyer, Marquis d'Argens, avec un examen critique des remarques de M. l'Abbé d'Olivet. *La Haye*, 1768, 3 *vol. in-*18.

30 Entretiens de Phocion sur le rapport de la morale avec la politique, traduits du Grec de Nicoclès, avec des remarques, par M. l'Abbé de Mably. *Amsterdam*, 1763, 1 *vol. in-*12.

31 Réflexions philosophiques sur le Système de la Nature, par M. Holland. *Paris*, 1773, 2 *vol. en un.*

33

34 Dialogues fur le Commerce des Bleds. *Londres*, 1770, 1 *vol. in-8. br.*

35 Sur la Légiflation & le Commerce des Grains. *Paris*, 1775, 1 *vol. in-8.*

36 Eclairciffemens demandés à M. N*** , fur fes principes économiques, & fur fes projets de légiflation, par l'Abbé Baudeau. 1775, 1. *vol. in-8.*

37 Idées d'un Citoyen, fur les befoins, les droits, & les devoirs des vrais pauvres. *Amft. Paris*, 1765.

38 Doutes propofés aux Philofophes Economif- tes, fur l'ordre naturel & effentiel des fociétés politiques, par M. l'Abbé de Mably. *La Haye*, 1768, 1 *vol. in-12.*

39 Syftême focial, ou Principes naturels de la Morale & de la Politique. *Londres*, 1773, 1 *vol. in-8.*

40 La Politique naturelle, ou Difcours fur les vrais principes du Gouvernement, par un an- cien Magiftrat. *Londres*, 1773, 1 *vol. in-8.*

41 Obfervations politiques & morales de Fi- nance & de Commerce, par M. R*** de Genève, fur l'Emprunt & l'Impôt. *Laufanne*, 1780, 1 *vol. in-8.*

42 Recherches & Confidérations fur les Finan- ces de France, depuis l'année 1595, jufqa'à l'année 1721, par M. Veron de Forbonnais. *Bafle, Cramer*, 1758, 2 *vol. in-4.*

43 Lettres & Mémoires du Chevalier d'Eon. *Londres*, 1764, 2 *vol. in-8.*

Métaphyfique.

44

Traité de la Magie.

45 Le Monde enchanté par Balthasar Bekker, avec son Traité des Dieux & des Démons du Paganisme. *Amst.* 1694, 5 *vol. in-12. m. r. f. d. s. t.*

Histoire Naturelle générale.

46 Histoire naturelle, générale & particuliere, avec la description du Cabinet du Roi, par MM. George-Louis le Clerc de Buffon, & Louis-Marie d'Aubenton. *Paris*, 1749, 27 *vol. in-4. dont quatre brochés.*

47 Dictionnaire raisonné universel d'Histoire naturelle, par M. Valmont de Bomare. *Paris*, 1775, 9 *vol. in-8. v. éc. f.*

48 Cours d'Histoire naturelle, ou Tableau de la Nature, avec fig. *Paris*, 1770, *in-12.*

49 Histoire naturelle de l'Air & des Météores, par M. l'Abbé Richard. *Paris*, 10 *vol. in-12.*

50 L'Histoire naturelle, éclaircie dans une de ses parties principales, par M. Salerne. *Paris*, 1767, *in-4. fig.*

51 Ornithologie, ou Méthode contenant la division des oiseaux en ordres, sections, genres, especes, & leurs variétés, par M. Brisson. *Par.* 1760, 6 *vol. in-4. fig.*

Médecine & Chirurgie.

52 Avis au peuple sur sa Santé, par. M. Tissot. *Lausanne*, 1761, *in-12.*
54 Dictionnaire portatif de Santé & de Chi-

rurgie, par M. Sue le jeune. *Paris*, 1771, *in-*8.

55 Préceptes de Santé, ou Introduction au Dictionnaire de Santé. *Paris*, 1772, *in-*8.

56 De l'Homme & de la Femme, confidérés physiquement dans l'état du mariage. *Lille*, 1772, 2 *vol. in-*12.

Mathématique.

57 Les Prophéties de Michel Noftradamus. *Lyon*, 1658, *in-*8. *v. m. f.*

Dictionnaire & Traité général des Arts libéraux & méchaniques.

58 Dictionnaire raifonné des Sciences, Arts & Métiers, recueilli des meilleurs Auteurs, & mis en ordre par MM. Diderot, & d'Alembert. *Paris*, *Briaffon*, 1751, *& ann. fuiv.* 35 *vol. in-fol.*

BELLES-LETTRES.

Introduction aux Etudes & à la Grammaire.

59 De la maniere d'enfeigner & d'étudier les Belles - Lettres, par rapport à l'efprit & au cœur, par Charles Rollin. *Paris*, 1748, 4 *vol. in-*12.

GRAMMAIRE.

Langues Latine & Françoife.

60 Dictionnaire Univerfel, François & Latin,
vulgairement

vulgairement appellé de Trévoux. *Paris*, 1743,
6 *vol. in-fol. v. m. f.*

Poëtes Grecs.

61 Le Théâtre des Grecs, contenant la traduction & l'analyse des principales Tragédies &
Comédies, avec des cartes & figures nécessai-
res à leur intelligence, par le R. P. Pierre
Brumoy. *Paris*, 1730, 3 *vol. in-4.*

62 Tragédies de Sophocle, traduites par M.
Dupuy. *Paris*, 1761, 1 *vol. in-4.*

63 Le Théâtre des Grecs, du R. P. Pierre Brumoy, avec les Tragédies de Sophocle, de M.
Dupuy. *Paris*, 1763, 8 *vol. in-12.*

Poëtes Latins.

64 Les Œuvres de Plaute, traduites en François,
avec des remarques, par Mademoiselle Le-
fevre. *Paris*, 1683, 3 *vol. in-12.*

65 Les Comédies de Térence en Latin & en François, de la traduction & avec les remarques
d'Anne Le Fevre, femme d'André Dacier, avec
figures gravées en taille douce par Bernard
Picart. *Rotterdam*, 1717, 3 *vol. in-8. v. m.*

66 Lucrece, traduction nouvelle, avec des notes, par M. Lagrange. *Paris*, 1768, 2 *vol.
in-8. pap. d'Hol. fig. v. m. f.*

67 L'Anti-Lucrece, Poëme sur la Religion naturelle, par le Cardinal de Polignac, traduite
en François par Jean-Pierre de Bougainville.
Paris 1749, 2 *vol. in-8. m. r. d. s. t.*

68 Œuvres de Virgile, traduites en François
avec le texte Latin à côté & des remarques
par l'Abbé Pierre-François Guyot des Fontaines, ornées de figures gravées en taille-

douce, d'après les deſſins de M. Cochin. *Par.*
Quillau, 1743, 4 *vol. in-8. m. r. d. ſ. t.*

69 Les Géorgiques de Virgile, traduites en
vers François, par M. l'Abbé Delille. *Paris,*
1770, 1 *vol. in-8. gr. pap. d'Hol. d. ſ. t.*

70 Œuvres d'Horace en Latin & en François,
avec des remarques critiques & hiſtoriques,
par M. Dacier, *Paris*, 1709, 10 *vol. in-12.*

71 Les Métamorphoſes d'Ovide, en Latin &
en François, avec des remarques & des explications hiſtoriques, données par l'Abbé Antoine Bannier. *Paris*, 1738, 2 *vol. in-4. gr.*
pap. fig.

72 La Pharſale de Lucain, traduite en François,
par M. Jean-François Marmontel. *Paris,*
1766, 2 *vol. in-8. v. f.*

Poëſie Françoiſe ancienne.

73 Voyage de MM. François le Coigneux de
Bachaumont & Chapelle, avec leurs Poëſies.
Cologne, Pierre Marteau, 1697, 1 *vol. petit*
in-12.

Poëtes François du ſecond âge, juſqu'à Malherbe,
& du troiſieme, depuis Malherbe juſqu'à nos
jours.

74 Les Œuvres de Clément Marot, *La Haye,*
Pierre Goſſe, 1731, 6 *vol. in-12.*

75 Les Satyres & autres Œuvres de Mathurin
Regnier, avec les remarques de Claude
Broſſette. *Londres, Lyon, & Woodman,*
1725, 1 *vol. in-4. gr. pap. mar. r. lav. reg.*

76 Fables choiſies, miſes en vers par Jean de
la Fontaine, avec les figures de Feſſard. *Paris,*
1765, 6 vol. *in-8. v. éc. d. ſ. tr.*

77 Les mêmes. *Paris*, 1769, 2 vol. *in-12.*
78 Fables, Nouvelles & Œuvres diverses de Jean
de la Fontaine. *Paris*, 1747, 8 *vol. petit in-12.*
79 Les Œuvres de Nicolas Boileau Despréaux,
Amsterd. 1707, 2 *vol. in-12.*
80 Œuvres diverses de Jean-Baptiste Rousseau.
Londres, 1753, 4 *vol. petit in-12. v. m. f.*
81 Les Œuvres diverses de Guillaume Amfrie
de Chaulieu, d'après les manuscrits de l'Auteur. *La Haye*, *Paris*, 1774, 2 *vol. in-8.
v. m. f.*
82 Poësies de M. le Marquis de la Fare. *Amsterd.*
1755, *petit in-12.*

Théâtre François avant Jodelle.

83 Le Mystere de la Conception, Mariage &
Annonciation de la Vierge Marie, par Personnages. *Paris, Allain, Lotrian*, 1539, 1 *vol.
in-4. gothiq. v. f.*
84 Les Marguerites de la Marguerite des Prin-
cesses, la très-illustre Royne de Navarre, ou
les Poësies de Marguerite de Valois, publiées
par Jean la Haye, son valet-de-chambre. *Lyon,
de Tournes*, 1547, 2 *vol. in-8. m. r.*

Comédie de la Nativité de J. C. de l'adoration des Rois,
des Innocens du Défert; deux Filles, deux Mariées,
le Vieillard, la Vieille, les quatre Hommes, Comédie,
Farce de trop, prou, peu, moins, le tout sans dis-
tinction d'actes ni de scènes.

*Théâtre François, quatrieme âge, depuis
Corneille jusqu'à présent.*

85 Œuvres Dramatiques de Pierre & Thomas
Corneille. *Paris*, 1745, 12 *vol. in-12.*

B ij

86 Les Œuvres Dramatiques de Pierre Corneille, avec les remarques de M. François-Marie Arouet de Voltaire, ornées de figures en taille-douce, sur les deffins de M. Gravelot. *Genéve*, 1764, 12 *vol. in-8. v. m. prem. édit.*

(On y trouve toutes les Pieces de Pierre Corneille ; ainfi qu'Ariane, & le Comte d'Effex de Thomas Corneille, Jules-Céfar, de Shakefpear, trois actes, Héraclius Efpagnol).

87 Les Œuvres de Jean-Baptiste Pocquelin de Moliere, avec des remarques grammaticales par Bret, ornées de figures gravées en taille-douce. *Paris*, 1773, 6 *vol. in-8. v. éc. f. d.*

88 Les mêmes. *Paris*, 1776, 8 *vol. in-12. fig.*

89 Les Œuvres de Jean Racine. *Amft. Léipfik*, 1750, 3 *vol. in-12. fig. v. m. f. d.*

90 Œuvres de Jean Galbert de Campiftron. *Par.* 1750, 3 *vol. in-12.*

91 Les Œuvres de Théâtre de M. d'Ancourt. *Paris*, 1760, 12 *vol. in-12.*

92 Théâtre de Baron. *Paris*, 1736, 2 *vol. in-12. v. b.*

93 Œuvres de Charles Riviere Dufrefny. *Paris*, 1747, 4 *vol. in-8.*

94 Œuvres de Regnard. *Amft.* 1750, 4 *vol. in-12.*

95 Œuvres de la Grange Chancel. *Paris*, 1735, 3 *vol. in-12. fig.*

96 Œuvres de Crébillon. *De l'Imprimerie Royale*, 1750, 2 *vol. in-4.*

97 Théâtre de Danchet. *Paris*, 1751, 4 *vol. in-12. v. m.*

98 Œuvres Dramatiques de Néricault Deftouches. *Paris*, 1758, 10 *vol. in-12.*

99 Œuvres complettes d'Alexis Piron, publiées

par M. Rigoley de Juvigny. *Paris, 1776, 7 vol. in-8.*

100 Œuvres de Nivelle de la Chauflée. *Paris, Prault, 5 v. in-12.*

101 Lettre du Comte de Comminges à fa mere, par Dorat, avec le Drame de M. d'Arnaud. *Par. 1764, in-8.*

POETES ITALIENS ET ANGLOIS.

Poëfies heroïque, épique.

102 Roland furieux, Poëme héroïque de l'Ariofte, nouvelle, traduction, par M. le Comte de Treffan. *Paris, 1780, 5 v. in-12. br.*

103 La Jérufalem délivrée, Poëme du Taffe, nouvelle traduction, avec des figures en taille douce, d'après les deffins de M. Gravelot. *Par. Mufier fils, 1774, 2 vol. in-8. gr. pap. v. m.*

104 Le Paradis perdu de Milton, Poëme héroïque, traduit de l'Anglois, avec les remarques de M. Addiffon. *Paris, 1729, 3 vol, in-12.*

105 La Chriftiade, ou le Paradis reconquis, pour fervir de fuite au Paradis perdu de Milton, par Jacques-François de la Beaume. *Bruxelles, 1753, 6 vol. in-12. m. r. f. d. f. t.*

ROMANS.

Romans d'amour, moraux, allégoriques, comiques & amufants.

106 Les Amours paftorales de Daphnis & de Chloé, trad. du Grec de Longus, en François, par Jacques Amyot. *Paris, 1731, in-12. fig.*

107 Tarfis & Zélie. *Paris, Mufier, 1774, 6 vol. in-8. fig.*

108 Les Aventures de Télémaque, par François

de Salignac de la Motte Fénélon, enrichies de figures gravées en taille douce, sous la direction de Bernard Picart, par les plus habiles maîtres. *Amst. 1761 , in-fol. v. éc. d. f. tr.*

109 Les Victimes de l'Amour, ou Mémoires de M. de Poligny. *Amsterd. 1773 , deux Parties, 1 vol. in-12.*

110 Les heureux Malheurs , ou Adélaide de Wolver, par M. B. *Col. Par. 1773 , in-12.*

111 Le Mariage, par M. C***. *Paris, 1769 , deux Parties en un volume.*

112 Les Contemporaines , ou Aventures des plus jolies Femmes de l'âge présent, par M. Rétif de la Bretonne. *Léipsick , Paris , 1780 , 8 vol. in-12. br.*

Romans de Chevalerie.

113 Histoire de l'admirable Don-Quichotte de la Manche. *Francfort , en foire, chez Jean-François Bassompierre. 1750 , 6 vol. in-12. m. r. f. d. f. t.*

114 Les principales aventures de Dom-Quichotte de la Manche , représentées en figures , sur les dessins de Coypel & Bernard Picard. *La Haye, Paris , 1774 , 2 vol. in-8. v. éc. f. d.*

Romans historiques & fabuleux.

115 Contes Moraux, par M. Jean-François de Marmontel. *Paris , Merlin , 1765 , 3 vol. in-8.*

116

117 Hilaire, par un Métaphysicien. *Amst. 1773 , in-12. br.*

118 Le Comte de Valmont, ou les Egaremens de la Raison , par M. l'Abbé Gérard. *Paris , 1774 , 5 vol. in-12.*

119 Lettres de Stéphanie, Roman historique, en trois Parties. *Paris*, 1778, *3 vol. in-12. br.*

Mythologie.

120 La Mythologie & les Fables expliquées par l'Histoire, par M. l'Abbé Antoine Banier. *Par.* 1764, *8 vol. in-12.*

POESIE PROSAIQUE.

Facéties, Plaisanteries, Histoires comiques.

121 Les Œuvres de Maître François Rabelais. *Amsterd.* 1711, *6 vol. in-12. en trois.*

122 Le Rabelais moderne, ou les Œuvres de Maître François Rabelais. *Amst. Paris*, 1752. *8 v. in-12.*

123 Le Puits de la Vérité, Histoire Gauloise. *Par. Claude Barbin*, 1699, *in-12.*

124 Les Ecosseuses ou les Œufs de Pâques, avec les Etrennes de la S. Jean, par MM. Duclos, & Philippe-Claude-Anne, Comte de Caylus de Tubieres. *Troyes, Paris, Duchesne,* 1757, *in-12.*

Contes & Nouvelles.

125 Fabliaux ou Contes du douzieme & treizieme siecle, traduits ou extraits d'après diverses manuscrits du tems, par M. Legrand. *Paris,* 1779, *3 vol in-8. br.*

126 Contes & Nouvelles de Jean Bocace, traduction libre, accommodée au goût de ce tems, & enrichie de figures gravées en taille douce, par Romain d'Hooge. *Amst. Gallet,* 1697, *2 vol. in-8. m. r. d. f. t.*

127 Les Cent Nouvelles Nouvelles, contenant cent Histoires nouveaux, qui sont moult-plai-

fans à raconter en toutes bonnes compagnies ,
par maniere de joyeufeté , ornées de figures
en taille douce, par Romain d'Hooge, lefquel-
les font détachées. *Cologne, Pierre Gaillard,*
1701 , 2 *vol. in-8. mar. bleu* , *dent. d. f. tr.*

128 Contes & Nouvelles de Marguerite de Valois, Reine de Navarre. *Amft. Gallet* , 1708 ,
2 *vol. in-8. m. cit. fig.*

129 Nouvelles , par Jean de la Fontaine.
Amfterd. 1762, 2 *vol. in-8. fig. m. r.*

Philologues , Polygraphes, Epiftolaires.

130 Chef-d'œuvre d'un Inconnu , Poëme mis au
jour par le Docteur Chryfoftôme Mathanafius,
(M. Pelair de St. Hyacinthe) , avec une dif-
fertation fur Homere & fur Chapelain, par
Chryfoftôme Mathanafius. *Londres , Orléans,*
1758, 2 *vol. in-12.*

131 Critique du Siécle , ou Lettres fur diverfes
fujets , par M. Jean-Baptifte Boyer, Marquis
d'Argens. *La Haye* , 1735 , 2 *vol. petit in-12.*

132 Les trois Siécles de notre Littérature, depuis François I , jufqu'en 1772 , par l'Abbé
Sabattier de Caftres. *Paris* , 1772 , 3 *vol. in-8.*

133 Eſſais de Michel, Seigneur de Montaigne,
avec les remarques de Pierre Cofte. *Paris* ,
1725 , 3 vol. *in-4. gr. pap.*

134 Œuvres mêlées de Margotelle de St. Denis,
Seigneur de Saint-Evremond, publiées fur les
MSS. de l'Auteur, par le fieur Silveftre, avec
la vie de l'Auteur, par Pierre Defmaizeaux.
Paris , 1753, 10 *vol. in-12. v. f.*

135 Œuvres complettes de Paul Scarron. *Paris,*
1752 , 12 *vol. in-12. m. r.*

136 Œuvres diverfes de Bernard le Bovier de
Fontenelle,

Fontenelle, enrichies de figures en taille douce, gravées par Bernard Picart. *La Haye, Neaulme, 1728, 3 vol. in-fol. m. r.*

137 Œuvres de M. François-Marie Arouet de Voltaire. *Genêve, Cramer, 1756, 58 vol. in-8. v. f.*

138 Commentaire sur la Henriade, par feu M. Angliviel de la Beaumelle, revu & corrigé par Fréron. *Berlin, Paris, 1775, 2 vol. in-8. v. f.*

139 Les Œuvres de Nicolas Machiavel. *La Haye, 1743, 6 vol. in-12.*

140 Œuvres philosophiques de M. David Hume, traduites de l'Anglois. *Londres, 1764, 6 tom. rel. en trois.*

141

142 Œuvres du Marquis d'Argens. *Amsterdam & La Haye, 21 vol. in-12.*

143

144

145 Lettres intéressantes du Pape Clément XIV Ganganelli, publiées par M. le Marquis de Caraccioli. *Paris, 1776, 3 vol. in-12.*

HISTOIRE.

Géographie.

146 GEOGRAPHIE moderne de la Croix. *Paris, 1748, in-12.*

C

147 Géographie Hiftorique , Eccléfiaftique &
Civile, ou Defcription de toutes les parties du
globe terreftre , enrichie de cartes géographi-
ques, par Dom Jofeph Vaiffette. *Paris*, 1755,
4 *vol. in-4. v. fauv. f. d.*

148 Le grand Dictionnaire Géographique, Hiftorique & Critique , par Antoine-Auguftin
Bruzen de la Martiniere. *Paris*, 1768 , 6 *vol.
in-fol.*

149 Dictionnaire Géographique, portatif, par
Vofgien. *Paris*, 1759 , *in-8.*

Collection de Voyages.

150 Hiftoire générale des Voyages ; ou nouvelle collection de tous les voyages , par mer
& par terre , qui ont été publiés jufqu'à préfent
dans toutes les différentes langues des nations
connues, avec des cartes & des figures, par
l'Abbé Antoine Prévôt d'Exile. *Paris* , 76 *vol.
in-12.*

151 Relation des Voyages entrepris par ordre de
Sa Majefté Britannique , pour faire des découvertes dans l'hemifphére méridional, & fuc-
ceffivement exécutés par le Commodore Byron,
les Capitaines Carteret, Wallis & Cooks ,
rédigée d'après les Journaux tenus par les dif-
férens Commandans, & les papiers de M.
Banks , par Jean Hawkefworth , avec des figures & cartes, traduite de l'Anglois, par MM.
Morrelet & Suard. *Paris*, 1774, 4 *vol. in-4.
v. m.*

152 Voyage au Pole Boréal , fait en 1773 , par
ordre du Roi d'Angleterre, par Conftantin-
Jean Phips, traduit de l'Anglois. *Paris*, 1775,
in-4.

153 Voyage dans l'Hémisphére auſtral, & autour
du monde, fait ſur les vaiſſeaux de Roi,
l'Aventure & la Réſolution, en 1772, 1773,
1774 & 1775, par Jacques Cooks, traduit
de l'Anglois, par M. Hodges. *Paris*, 1778,
5 vol. in-4. figures. & cartes.

154

154*

155 Hiſtoire des Colonies Européennes dans
l'Amérique, en ſix Parties, traduite de l'Anglois de William Burck, par M. Eidous.
Paris, 1777, *2 vol. in-12.*

156 Voyage du Chevalier Chardin en Perſe, &
autres lieux de l'Orient. *Amſterd.* 1711, *3. vol.
in-4. fig.*

157 Voyage de Corneille le Brun, par la Moſ-
covie, en Perſe, & aux Indes orientales, fait
depuis 1701, juſqu'en 1708, avec figures
en taille douce. *Amſterd.* 1718, *2 vol. in-fol.*

Chronologie, & Hiſtoire univerſelle.

158 L'Art de vérifier les dates des faits hiſtoriques, des chartes, des chroniques, & autres
monumens, depuis la naiſſance de J. C. par
DD. Maure d'Antine, Durand, Clémencé,
& autres Bénédictins, nouvelle édition. *Paris,
Deſprés,* 1770, *in-fol. v. m. f.*

159 Hiſtoire univerſelle, depuis le commencement du monde juſqu'à préſent, traduite de
l'Anglois, d'une ſociété de gens de Lettres.
Amſterdam, Arkſtée. & Merkus, 1743, &

ann. suiv. 41 vol. in-4. porf. fil. les tomes 40
& 41 , en feuilles.
160

Hiftoire Eccléfiaftique générale.

161 Hiftoire du Peuple de Dieu , depuis fon origine jufqu'à la naiffance du Meffie , tirée des
feuls livres faints , ou le texte facré des livres
de l'Ancien Teftament , réduit en corps d'Hiftoire , par le Pere Ifaac-Jofeph Berruyer , 13
vol. in-4. v. fauv.

162 Hiftoire Eccléfiaftique , depuis la naiffance de
J. C. jufqu'en 1414 , par Claude Fleury , &
continuée jufqu'en 1595 , par le Pere Jean-
Claude Fabre , de l'Oratoire. Paris , 1691 ,
36 vol. in-4. v. br.

163 Hiftoire Eccléfiaftique & Civile de Breta-
gne , avec les preuves , par Dom Pierre Hyacinthe Morice. Paris , 1750. , 5 vol. in-fol.

164 Hiftoire des Papes , depuis St. Pierre jufqu'à
Benoît XIII inclufivement , par M. François
Bruys. La Haye , 1732 , 5 vol. in-4.

165 Vie de Céfar Borgia , traduite de l'Italien ,
de Thomafi. La Haye , 1736 , 2 vol. in-12.

166 Origine de la grandeur de la Cour de
Rome , & de la nomination aux Evêchés &
aux Abbayes de France , par l'Abbé de Vertot.
La Haye , Néaulme , 1737 , in-12. v. mar.

Hiftoire Monaftique des Ordres Religieux.

167 Hiftoire des Chevaliers Hofpitaliers de St.
Jean de Jérufalem , appellés depuis Chevaliers de Rhodes , & aujourd'hui Chevaliers

de Malthe, par René Aubert de Vertot ; avec des portraits gravés en taille douce. *Paris, Rollin,* 1726 , 4 *vol. in-*4.

168 Hiſtoire de l'Ordre du St. Eſprit, par M. Germain-François Poullain de Saint-Foix. *Par.* 1775 , 2 *vol. in-*12

Cérémonies Religieuſes.

169 Cérémonies & Coutumes religieuſes de tous les Peuples du monde, repréſentées par des figures gravées par Bernard Picart , avec des explications hiſtoriques & des diſſertations curieuſes, par l'Abbé Bannier, avec les ſuperſ-titions anciennes & modernes. *Paris, Rollin,* 1741 , 9 *vol. in-fol.*

Hiſtoire des Monarchies anciennes.

170 Hiſtoire de la Guerre des Juifs contre les Romains, écrite par Flavius Joſeph , ſous le titre d'Antiquités Judaïques , & traduite en François par Arnauld d'Andilly. *Paris,* 1719 , 5 *vol. in-*12.

171 Hiſtoire des Juifs & des Peuples voiſins, depuis la décadence des Royaumes d'Iſraël & de Juda , juſqu'à la mort de J. C. trad. de l'Anglois , de Humphrey Prideaux. *Amſterd.* Du Sauzet, 1728 , 6 *vol. in-*12.

Hiſtoire Grecque , Romaine.

172 Hiſtoire ancienne des Egyptiens , des Car-thaginois , des Aſſyriens , des Medes & des Perſes , des Macédoniens & des Grecs , par Charles Rollin. *Paris ,* 1740 , 13 *tom.* 14 *vol. in-*12.

173 Obſervations ſur l'Hiſtoire de la Grèce , ou

des caufes de la profpérité & des malheurs des Grecs , par M. l'Abbé de Mably. *Genéve , Paris, 1766 , in-12.*

174 Hiftoire Romaine, depuis la fondation de la République , jufqu'à la bataille d'Actium ; par Charles Rollin, & Jean-Baptifte-Louis Crevier. *Paris , Etienne , 1740 , 16 vol. in-12.*

175 Hiftoire des Empereurs Romains , depuis Augufte jufqu'à Conftantin, par M. Jean-Baptifte-Louis Crévier. *Paris , 1754 , 12 vol. in-12.*

176 Hiftoire du Bas-Empire, depuis Conftantin, jufqu'à l'extinction de l'Empire Romain , par M. le Beau. *Paris, 1757, 20 vol. in-12.*

177 Hiftoire des Révolutions Romaines , par René Aubert de Vertot. *Paris, 1727, 3 vol. in-12.*

178 Hiftoire des Révolutions de l'Empire Romain, par M. Simon-Nicolas-Henri Linguet. *Paris, 1766, 2 vol. in-12. v. m.*

179 Hiftoire des Conjurations, Confpirations , & Révolutions célébres , tant anciennes que modernes, par MM. Duport - Dutertre & Déformaux. *Paris, 1754, 10 vol. in-12.*

180 Hiftoire de Polybe, par Dom Vincent Thuillier, avec un Commentaire de Folard. *Amfterd. 1759, 7 vol. in-4.*

181 Tibere , ou les fix premiers livres des Annales de Tacite , traduits par l'Abbé de la Bléterie. *Paris, Imprimerie Royale , 1768, 3 vol. in-12.*

182 Hiftoire des XII Céfars ; traduite du Latin de Suétone , par M. Henri Ophellot de la Paufe , avec des notes hiftoriques , par M. Delille de Salfe. *Paris , 1771 , 4 vol. in-8.*

183 Les Femmes des douze Céfars, contenant la vie & les intrigues fecretes des Impératrices & Femmes des premiers Empereurs Romains, par de Serviez. *Paris*, 1758, 3 vol. *in-*12.

184 Hiftoire de la Décadence & de la Chûte de l'Empire Romain, traduite de l'Anglois, de M. Gibbon, par M. Leclerc de Septchênes *Paris*, 1777, 3 vol. *in-*8.

185 Obfervations fur les Romains, par M l'Abbé de Mably. *Genêve, Paris*, 1767, *in-*12.

Hiftoire Moderne.

186 Hiftoire Moderne pour fervir de fuite à l'Hiftoire Ancienne de M. Rollin, commencée par François-Marie de Marfy, & continuée par M. Adrien Richer. *Paris*, 1754, 30 *vol. in-*12.

187 Tableau de l'Hiftoire Moderne, depuis la chûte de l'Empire d'Occident, jufqu'à la paix de Weftphalie, par Guillaume-Alexandre de Méhégan. *Paris*, 1766, 3 vol. *in-*12. *v. m.*

Hiftoire d'Italie.

188 Hiftoire des Guerres d'Italie, traduite de Guichardin en François, par le fieur Faire, & revue enfuite par le fieur Georgeon. *Lond. Paris*, 1738, 3 vol. *in-*4. *gr. pap. v. m. f.*

189 Hiftoire de la Ligue faite à Cambray, entre le Pape Jules II, l'Empereur Maximilien I, Louis XII, Ferdinand V, & tous les Princes de l'Italie, contre la République de Venife, depuis 1508, jufqu'en 1616, par Jean-Baptifte du Bos. *Paris, Chaubert*, 1728, 2 vol. *in-*12. *m. r. f. d. f. t.*

190 Journal du Voyage de Michel de Monta-

gne en Italie, par la Suisse & l'Allemagne, en 1580 & 1581, avec des notes, par M. de Querlon. *Rome, Paris, 1774, in-4. gr. pap.*

191 Histoire Civile du Royaume de Naples, traduite de l'Italien de Pierre Giannone. *La Haye, 1742, 4 vol. in-4.*

192 Voyage en Sicile & à Malthe, traduit de l'Anglois de Brydone, par M. de Meunier. *Amsterdam, Paris, 1775 2 vol. in-8.*

HISTOIRE DE FRANCE.

Topographie, ou Description générale de la France.

193 La Géographie, ou Description générale du Royaume de France, divisé en ses Généralités, par M. Dumoulin. *Paris, 1764, 6 vol. in-8. v. m.*

Histoire Ancienne des Gaules.

194 Les Monumens de la Monarchie Françoise, que l'injure des tems a épargnés, représentés en figures, & expliqués par Dom Bernard de Montfaucon. *Paris, Gandouin, 1729, 5 vol. in-fol.*

195 Œuvres d'Etienne & Nicolas Pasquier, contenant les recherches de la France, leurs Lettres, Poësies. *Amsterd. Trévoux, 1723, 2 vol. in-fol.*

Histoire générale de France.

196 Histoire de France, depuis Pharamond jusqu'à la paix de Vervins, sous Henri IV, en 1598, avec un abrégé de la vie des Reines, les portraits des Rois, par François Eudes de Mézeray. *Paris, Denis Thiéry, 1685, 3 vol. in-fol.*

197 Histoire

197 Histoire de France , depuis l'établissement de la Monarchie Françoise dans les Gaules , jusqu'à la mort d'Henri IV , par le Pere Daniel , augmentée de notes , de dissertations , & de l'Histoire du règne de Louis XIII , & d'un Journal de celui de Louis XIV , par le Pere Griffet. *Paris , 1755 ; 17 vol. in-4. v. m. f.*

198 Histoire de France , depuis l'établissement de la Monarchie , jusqu'à Louis XIV , par l'Abbé Velly , & continuée par MM. Villaret & Garnier. *Paris , 1763 ; 26 vol. in-12.*

199 Abrégé Chronologique de l'Histoire de France , par Charles-Jean-François Hénault. *Paris , 2 vol. in-8. v. f.*

200 Observations sur l'Histoire de France , par l'Abbé Mably, *Gen. Par. 1765 , 2 vol. in-12.*

201 L'Esprit de la Ligue , ou Histoire politique des troubles de France , pendant les seizieme & dix-septieme siécles , par M. Anquetil. *Par. 1767 , 3 vol. in-12. v. m.*

202 L'Esprit de la Fronde , ou Histoire politique & militaire des troubles de France , pendant la minorité de Louis XIV, par le même *Paris ; 1772 , 5 vol. in-12.*

Histoire des Rois de France des deux premieres Races , & de la troisieme jusqu'à Louis XII.

203 Histoire de la Rivalité de la France & de l'Angleterre , commençant au règne de Philippe I, par M. Gaillard. *Paris ; 1771 ; 11 vol. in-12. v. m.*

204 Anecdotes de la Cour de Philippe-Auguste , par Mademoiselle de Lussan. *Paris ; 1723 ; 6 vol. in-12.*

205 Histoire de Constantinople , sous les Empe-

reurs François, divisée en deux parties, dont
l'une contient la Conquête de Constantinople,
par les François & les Vénitiens, en l'an 1204;
& la seconde une Histoire des actions plus mémorables des François dans cet Empire, avec
des observations, par Charles Dufresne, sieur
du Cange. *Paris, Imprimerie Royale,* 1657,
in-fol.

206 Les Œuvres de Maître Allain Chartier,
Secrétaire des Rois Charles VI & Charles
VII, contenant l'Histoire de son tems, depuis
1402 jusqu'en 1460; la généalogie des Rois
de France, depuis St. Louis jusqu'à Charles
VII, & ses autres traités en vers & en prose,
revues, corrigées, avec des annotations, par
André Duchesne. *Paris, Thibouft,* 1617,
in-4. gr. pap. v. brun.

207 Discours sur l'Histoire du Roi Charles VII,
jadis écrite par Allain Chartier, son Secrétaire, où se peut voir que Dieu n'a jamais aban-
donné cette couronne, & que tout ce que ses
plus conjurés ennemis y ont oncques voulu en-
treprendre, s'est enfin, comme en moins de
rien, dissipé & évanoui en fumée. *Paris, Abel
Langelier,* 1594, *in-8. mar. cit.*

208 Histoire de Charles VII, par Jean Chartier, Jacques le Bouvier, dit Berry, Mathieu
de Coucy & autres, contenant les choses mémorables advenues depuis l'an 1422 jusqu'en
1461; enrichie de plusieurs titres, mémoires
& autres piéces historiques, avec les preuves,
par Denis Godefroy. *Paris, Imprim. Royale,*
1671, *in-fol. v. f.*

209 Histoire de Charles VII, par Baudot de
Jully. *Paris,* 2 *vol. in-12. v. m.*

210 Histoire de Louis XI, par Duclos, avec les preuves. *La Haye*, 1745, 2 vol. *in-*12.

211 Les Mémoires de Philippe de Comines, Seigneur d'Argenton, contenant les principaux faits & gestes de Louis XI, & de Charles VIII, revus de nouveau, & mis au jour, avec des notes & des preuves, par l'Abbé Lenglet du Fresnoy. *Londres, Paris*, 1747, 4 vol. *in-*4.

Regnes de François I, & de Henri II.

212 Histoire de Marguerite de Valois, Reine de Navarre, sœur de François I, depuis 1527 jusqu'en 1549. *Paris*, 1720, 3 vol. *in-*12.

213 Mémoires de la vie de François de Scépeaux, Sire de Vielleville, contenant plusieurs anecdotes des règnes de François I, Henri II, François II, & Charles IX, depuis 1528 jusqu'en 1571, composés par Vincent Carloix. *Paris, Guérin*, 1757, 5 vol. *in-*8.

214 Histoire universelle de Jacques-Auguste de Thou, depuis 1543 jusqu'en 1607, traduite sur l'édition latine de Londres, avec une nouvelle Préface (de l'Abbé Guyot des Fontaines), la vie de M. de Thou, nouvellement traduite, avec des remarques, une suite de la même Histoire jusqu'en 1610, traduite du Latin de Nicolas Rigault, & un Recueil de pièces concernant la personne & les ouvrages de M. de Thou, par MM. Prévôt d'Exiles, le Beau, Adam, le Duc, l'Abbé des Fontaines, l'Abbé le Mascrier, & Georgeon. *Londres, Paris*, 1734, 16 vol. *in-*4. *gr. pap. v. m. fil.*

215 Mémoires de M. Henri de Bauwais-Nangis, ou l'Histoire des Favoris François. *Par.* 1665, *in-*12.

Règnes de François II & de Charles IX.

216 Histoire des Guerres civiles de France, sous les règnes de François II, Charles IX, Henri III, & Henri IV, traduite de l'Italien d'Henri Catherine d'Avila. *Amsterd. Arkstée & Merkus,* 1757, 3 vol. in-4. gr. pap. v. m. f.

217 Mémoires de Michel de Castelnau, contenant les choses remarquables qu'il a vues & négociées en France, en Angleterre, & en Ecosse, sous les Rois François II & Charles IX, depuis 1559 jusqu'en 1570 ; mis en lumiere par Jacques de Castelnau, son fils, & augmentés de plusieurs piéces secretes & originales concernant les règnes de François II, Charles IX, Henri III, & la régence de Catherine de Médicis, par Jean le Laboureur, avec les preuves & armoiries gravées. *Bruxel. Foppens,* 1731, 3 vol. in-fol.

218 Mémoires de l'Etat de France sous Charles IX, depuis 1570, jusqu'à la mort de ce Roi en 1574. *Meidelbourg, Henri Wolf,* 1578, 3 vol. in-8. m. r. d. s. t.

219 Mémoires de la Reine Marguerite de Valois, Reine de Navarre, ensuite de France, depuis 1565 jusqu'en 1581. *Liége, Jean-François Broncart,* 1713, in-8.

220 Mémoires de Condé, ou Recueil pour servir à l'Histoire de France, sous les règnes de François II, & de Charles IX, où l'on trouve des détails de l'Histoire de M. de Thou, par l'Abbé Lenglet du Fresnoy. *Londres,* 1743, 6 vol. in-4. gr. pap. v. m. fil.

221 Mémoires d'Etat de Nicolas Neuville, Seigneur de Villeroy, Secrétaire d'Etat sous les

Rois Charles IX, Henri III, Henri IV , &
Louis XIII , depuis 1567 , jusqu'en 1604 ,
publiés par le sieur du Mesnil Basire. *Paris* ,
1665 , 4 *vol. in-12.*

222 Mémoires du même. *Amsterdam , Trévoux* ,
1723 , 7 *vol in-12.*

Règnes d'Henri III & de Henri IV.

223 Recueil de diverses piéces servant à l'Histoire
de Henri III, contenant le Journal du règne
de cē Prince, par Pierre de l'Etoile , le Di-
vorce satyrique , ou les Amours de la Reine
Marguerite de Valois, l'Alcandre ou les Amours
d'Henri le Grand , Apologie pour le Roi Henri
IV , par Madame la Duchesse de Rohan , la
Confession de M. de Sancy, par Louis-Théo-
dore Agrippa d'Aubigné ; Discours merveil-
leux de la vie de Catherine de Médicis. *Col.*
Pierre Marteau, 1666 , in-12. m. r.

224 Journal du règne d'Henri III , ou Mémoires pour servir à l'Histoire de France , par
Pierre de l'Estoile, avec des notes, par Nicolas
Lenglet du Fresnoy. *La Haye , Paris , Gan-*
douin 1744, 5 vol. in-8.

225 Mémoires de la Ligue , ou Recueil des choses les plus mémorables advenues sous la ligue,
tant en France, en Angleterre, qu'autres lieux ,
depuis 1576 jusqu'en 1598 , avec des notes , par l'Abbé Goujet. *Amsterdam , Paris* ,
1758 , 6 *vol. in-4.*

226 Mémoires de M. Louis Gonzague, Duc
de Nevers , Prince de Mantoue , depuis 1574
jusqu'en 1610 , avec plusieurs piéces , rédigés
par Marin Leroi de Gomberville. *Paris , Louis*
Billaine , 1665, 2 vol. in-fol.

227 Satyre Ménippée de la vertu du Catholicon
d'Espagne, & de la tenue des États à Paris
en 1593, par Pierre le Roi, avec les remarques & plufieurs autres piéces hiftoriques de
Jacob le Duchat. *Ratisbonne, Paris*, 1752,
3 vol. in-8. fig.

228 Recueil de plufieurs piéces fervant à l'Hiftoire moderne, favoir; Difcours d'une tra-
hifon tramée contre le Roi Henri I V, en l'an
1604; Négociation faite à Milan avec le feu
Prince de Condé, en 1609; Retraite de Monfieur en Flandres, & fon retour; l'Empri-
fonnement de Puylaurens; la Retraite de
Monfieur à Blois; fon Accommodement; Con-
vocation de l'arriere-ban pour le fiége de Cor-
bie; Mémoires de ce qui s'eft paffé en l'affaire
de M. Legrand; Mémoires de M. de Fon-
trailles, de ce qui s'eft paffé à la Cour pendant la faveur de M. le Grand; Inftruction du
procès & exécution de MM. le Grand & de
Thou; Mémoires touchant les affaires du
Comte de Soiffons, & les Ducs de Bouillon
& de Guife; motif de la France pour la guerre
d'Allemagne, & quelle y a été fa conduite;
Lettre d'un étranger au fujet de la paix entre
la France & l'Efpagne. *Colog. Pierre Marteau*,
1663, *in-12. v. br.*

229 Derniers fentimens des plus illuftres perfon-
nages condamnés à mort. *Paris*, 1775, *2 vol.
in-12.*

230 Mémoires ou Economies royales d'Etat, do-
meftiques, politiques & militaires d'Henri le
Grand, & des adminiftrations royales de Maximilien de Béthune, Duc de Sully. *Amfterd.
Trévoux*, 1725, *12 vol. in-12. v. m.*

231 Les mêmes , remis dans un nouvel ordre &
un meilleur style , accompagnés de remarques ,
par l'Abbé Pierre Mathurin de l'Ecluse , avec
les portraits d'Odieuvre. *Londres , Paris ,*
1747 , *3 vol. in-4. gr. pap.*

232 Chronologie novennaire , ou Histoire de la
guerre sous Henri I V , depuis 1589 , jusqu'en
1598 , inclusivement , par Pierre-Victor Palma
Cayet. 1608 , *3 vol. in-8. v. br.*

233 Mémoires particuliers pour servir à l'Histoire de France , sous les règnes d'Henri III ,
d'Henri I V , sous la régence de Marie de
Médicis , & sous Louis XIII , contenant les
Mémoires du Duc d'Angoulême , du Duc
d'Etrées , de Déageant , & du Duc d'Orléans ,
depuis 1589 , jusqu'en 1610. *Paris , 1756 ,*
4 tomes en 3 vol. in-12.

234 Vie de Marie de Médicis. *Paris , 1774 , 3*
vol. in-8.

235 Chronologie septénaire , ou Histoire de la
paix entre les Rois de France & d'Espagne , depuis 1598 jusqu'en 1604 , par Pierre-Victor
Palma Cayet. *Paris , 1605 , in-8. v. m.*

236 Mémoires secrets , tirés des archives des
Souverains de l'Europe , sous les règnes d'Henri
IV & de Louis XIII , traduits de Vittorio Siri ,
par M. Requier. *Amst. Paris , 1765 , 34 vol.*
in-12. v. m. dont 4 br.

237 Journal du règne d'Henri IV , par Pierre
de l'Etoile , avec des remarques historiques
données par MM. Secousse & Nicolas Lenglet
du Fresnoy. *La Haye , Paris , 1741 , 4 vol.*
in-8.

238 Le Mercure François , ou suite de l'Histoire
de la paix , commençant en l'année 1505 jus-

qu'en 1544, par Richer & Théophile Renaudot.
Paris, Richer, 1611, 25 *vol. in-*8. *v. br.*

Règne de Louis XIII.

239 Histoire du règne de Louis XIII, contenant ce qui est arrivé de plus remarquable en France & en Europe, depuis le commencement de son règne, jusqu'à sa mort, par Michel le Vassor. *Amsterd.* 1757, 7 *vol. in-*4. *v. m. f.*

240 Histoire du règne de Louis XIII, par le Pere Henri Griffet. *Paris*, 1758, 3 *vol. in-*4.

241 Recueil des piéces les plus curieuses qui ont été faites pendant le règne du Connétable de Luynes, quatrieme édition augmentée des piéces les plus rares de ce tems. 1632, *in-*8. *v. br.*

242 Vie d'Armand Jean, Cardinal, Duc de Richelieu. *Cologne*, 1696, 2 *vol. in-*12.

243 Anecdotes du Ministere d'Armand Jean, Cardinal, Duc de Richelieu, & du règne de Louis XIII, avec quelques particularités du commencement de la régence d'Anne d'Autriche, par de Valdory. *Amst. Rouen*, 1717, 2 *vol. in-*12. *v. br.*

244 Le véritable Pere Joseph, Capucin, nommé au Cardinalat, contenant l'Histoire anecdote du Cardinal de Richelieu, par l'Abbé Richard, imprimée à St. Jean-de-Maurienne. *Rouen*, 1704, *in-*12. *v. br.*

245 Mémoires de Henri, Duc de Rohan, sur les choses advenues en France, depuis la mort d'Henri le Grand, jusqu'à la paix faite avec les Réformés, au mois de Juin 1629, & divers discours politiques du même Auteur, avec ses voyages. *Paris, sur l'imprimé à Leyden, chez Louis Elzevier*, 1661, 2 *vol. in-*12. *m. r. d. f. t.*

246 Mémoires

246 Mémoires pour servir à l'Histoire d'Anne
d'Autriche , Epouse de Louis XIII, depuis
1615 jusqu'à la mort de cette Princesse en
1666 , par Madame Françoise Bertault de
Motteville. *Amsterd.* 1723, 5 *vol. in-12.*

247 Histoire de la Mere & du Fils, contenant
l'état des affaires politiques & ecclésiastiques
arrivées en France , depuis 1616 jusqu'en
1619, par François Eudes de Mézeray. *Amst.*
1731, 2 *vol. in-12.*

248 Mémoires de François Bourdeilles , Comte
de Montresor , commençant à la retraite de
Monsieur en Flandres en 1632 , jusqu'à la
mort de Louis XIII , avec diverses autres
pièces concernant le Ministere du Cardinal de
Richelieu. *Colog.* 1723, 2 *vol. in-12.*

249 Mémoires de M. Omer Talon , depuis
1630 jusqu'en 1653. *La Haye, Rouen,* 1732,
8 *vol in-12.*

250 Mémoires de Mademoiselles Anne-Marie-
Louise de Bourbon , Duchesse de Montpen-
sier , fille de Gaston d'Orléans , frere de
Louis XIII , depuis 1630 jusqu'en 1688.
Amsterdam , Rouen, 1730 , 6 *vol. in-12.*

Règne de Louis XIV.

251 Histoire de la Vie & du Règne de Louis XIV,
par Antoine - Augustin Bruzen de la Martiniere , avec des Figures & des Médailles. *La*
Haye , Van Duren , 1740 , 5 *vol. in-4.*

252 Médailles sur les principaux événemens du
Règne de Louis XIV , avec des explications
historiques *Paris , Imprimerie Royale ,* 1723,
1 *vol. in-fol. v. m. d. s. t.*

E

253 Mémoires de la Rochefoucault, sur les Brigues à la mort de Louis XIII, les Guerres de Paris & de Guyenne, & la Prison des Princes. Apologie pour M. de Beaufort. Mémoires de M. de la Chaftre. Articles & Conditions pour l'expulfion du Cardinal Mazarin. *Cologne, Van Dick, Elzevier*, 1662, 1 *vol. in-*12.

254 Mémoires de Jean-François-Paul de Gondy, Cardinal de Retz, commençant à la fin du Miniftere du Cardinal de Richelieu jufqu'en 1655, *Amfterd. Bernard*, 1751, 4 *vol. in-*12.

255 Mémoires de Guy Joly, depuis 1648 jufqu'en 1665, pour fervir d'éclairciffemens & de fuite aux Mémoires du Cardinal de Retz. *Amfterd. Bernard*, 1738, 2 *vol. in-*12.

256 Mémoires de M. de Bordeaux, par M. Gatien Sandras de Courtilz. *Amfterdam*, 1758, 4 *vol. in-*12.

257 Mémoires & Réflexions fur les principaux événemens du Règne de Louis XIV, par Charles-Augufte, Marquis de la Fare. *Amft.* 1755, 1 *vol. in-*12.

258 Hiftoire de l'avénement de la Maifon de Bourbon au trône d'Efpagne, par M. Targe. *Paris*, 1772, 6 *vol. in-*12.

Régence, & Règne de Louis XV.

259 Mémoires de la Régence de S. A. R. M. le Duc d'Orléans, depuis 1715 jufqu'en 1723. *La Haye, Van Duren*, 1729, 3 *vol. in-*12. *fig. vel. f. d. f. t.*

260 Mémoires de l'Abbé de Montgon, contenant les différentes négociations dont il a été chargé dans les Cours de France, d'Efpagne

& de Portugal, depuis 1725 jusqu'en 1730.
Hollande, 1750, 7 *vol. in-*12.

261 Histoire des négociations pour la paix con-
clue à Belgrade, par l'Abbé Laugier. *Paris*,
1768, 2 *vol. in-*12.

262

263 Mémoires Politiques & Militaires pour
servir à l'Histoire de Louis XIV & de Louis XV,
par M. l'Abbé Pierre Millot. *Paris*, 1773,
6 *vol. in-*12.

264 L'Observateur Hollandois, par M. Moreau,
contenant quarante-huit Lettres. *La Haye*,
Paris, 1755, 5 *vol. in-*8.

Histoire des Provinces de France, Généralité de
Paris, & Gouvernement de l'Isle de France.

265 Plan de la ville de Paris, levé & gravé en
vingt planches, par ordre de M. Turgot,
Prévôt des Marchands en 1740, 1 *vol. in-fol.*
Atlas.

266 Histoire & Recherches des Antiquités de la
ville de Paris, par Henri Sauval. *Paris*, 1724,
3 *vol. in-fol. gr. pap.*

267 Essai historique sur Paris, par M. Germain-
François Poullain de Sainte-Foix. *Paris*, 1766,
7 *vol. in-*12.

Mélanges de l'Histoire de France.

268 Tablettes anecdotes & historiques des Rois de
France, depuis Pharamond jusqu'à Louis XV,
par M. Dreux du Radier. *Paris*, 1752, 3
*vol. in-*12.

269 Mémoires historiques, critiques, & anecdotes des Reines & Régentes de France, par le même. *Paris,* 1776 , *6 vol. in-*12.

270 Mémoires de M. de Nangis, ou l'Histoire des Favoris François. *Paris,* 1665, *1 vol. in-*12.

Traités sur le Gouvernement de la France.

271 Confidérations fur le Gouvernement ancien & préfent de la France, par M. d'Argenfon. *Amfterd.* 1765. *in-*8.

272 Etat de la France, dans lequel on voit tout ce qui regarde le Gouvernement Eccléfiaftique, Militaire & autres, par M. le Comte de Boullainvilliers. *La Haye, Rouen,* 1727, *3 vol. in-*12. *mar. rouge.*

Hiftoire générale d'Allemagne, de Flandres & des Pays-Bas.

273 Hiftoire générale d'Allemagne, depuis l'établiffement de l'Empire jufqu'à préfent, par le P. Jofeph Batre. *Paris,* 1748 , *10 vol. in-*4. *rel. en* 11.

274 Hiftoire générale des Provinces-Unies, par MM. du Jardin & Sellius. *Paris,* 1757 , *8 vol. in-*4.

Hiftoire générale d'Efpagne & de Portugal.

275 Hiftoire générale d'Efpagne, par Jean de Mariana, traduite avec des notes, par le P. Jofeph-Nicolas Charanton. *Paris,* 1725, *6 vol. in-*4.

276 La même, traduite de l'Efpagnol de Jean Ferreras, avec des notes, par M. d'Hermilly. *Paris,* 1742, *10 vol. in-*4. *gr. pap.*

277 Hiftoire du règne de l'Empereur Charles-
Quint, de M. Robertfon, traduite de l'Anglois, par M. Suart. *Paris*, 1771, 2 *vol. in-*4.

278 Hiftoire des Révolutions d'Efpagne, par le
P. Jofeph d'Orléans, revue & publiée par
les PP. Rouillé & Brumoy. *Paris*, 1734, 3
*vol. in-*4.

279 Hiftoire des Révolutions de Portugal, par
l'Abbé René Aubert de Vertot. *Paris*, 1737,
1 *vol. in-*12.

Hiftoire d'Angleterre, d'Ecoffe & d'Irlande.

280 Hiftoire générale d'Angleterre, depuis l'établiffement des Romains dans la Grande-Bre-
tagne jufqu'à la mort de Charles I, par Paul
de Rapin, Sieur de Thoyras, & continuée par
divers Auteurs jufqu'à l'avénement du Roi
George II. *La Haye*, 1749, 16 *vol. in-*4.
v. mar. f. d. f. t.

281 Hiftoire de la Maifon de Plantagenet fur le
trône d'Angleterre, depuis l'invafion de Jules-
Céfar jufqu'en 1485, par M. David Hume,
traduite de l'Anglois, par Madame Bellot.
Amfterd. Paris, 1765, 2 *vol. in-*4.

282 Hiftoire de la Maifon de Tudor, depuis
1485 jufqu'en 1603, par David Hume, traduite de l'Anglois par Madame Bellot. *Amft.
Paris*, 1763, 2 *vol. in-*4.

283 Hiftoire de la Maifon de Stuart, depuis 1603,
jufqu'en 1689, par M. David Hume, traduite
de l'Anglois, par l'Abbé Prévôt. *Lond. Paris*,
1760, 3 *vol. in-*4.

284 Lettres hiftoriques, pour fervir de fuite à
l'Hiftoire des Révolutions de la Grande-Bre-

tagne & à l'Histoire Militaire & Civile des Ecoſſois au ſervice de France. *Edimb.* 1759, 1 *vol. in-12.*

Hiſtoire des Pays Septentrionaux & Orientaux.

285 Hiſtoire des Révolutions de Suede, par l'Abbé René Aubert de Vertot. *Paris,* 1722, 2 *vol. in-12.*

286 Mémoires concernant Chriſtine, Reine de Suede, pour ſervir d'éclairciſſement à l'Hiſtoire de ſon règne, & principalement de ſa vie privée, ſuivis des Ouvrages de cette ſavante Princeſſe, qui n'ont jamais été imprimés. *Amſterdam, Léipſic,* P. Mortier, 1751, 4 *vol. in-4.*

287 Mœurs & uſages des Turcs, leur Religion, leur Gouvernement civil & militaire, leur politique, avec un abrégé de l'Hiſtoire Ottomane, par M. Guer, *Paris,* 1747, 2 *vol. in-4. gr. pap. v. m. ſ.*

Hiſtoire générale d'Aſie, d'Afrique & d'Amérique.

288 Hiſtoire générale de l'Aſie, l'Afrique & l'Amérique. *Paris,* 1780, 5 *vol. in-4.*

289 Hiſtoire de l'Amérique, par M. Robertſon, traduite de l'Anglois, par M. Suart, 2 *vol. in-4.*

290 Deſcription géographique & hiſtorique de l'Empire de la Chine, & de la Tartarie Chinoiſe, avec des cartes & figures, bel. épreuv. pa rleP. Jean-Bapt. Duhalde. *Paris, le Mercier,* 1735, 3 *vol. in-fol. gr. pap.*

291

292 Essai sur cette question, quand & comment
l'Amérique a-t-elle été peuplée d'hommes &
d'animaux. *Amsterd. Ray*, 1767, *in-4. v. m.*
292 *

293 Histoire des découvertes & conquêtes des
Portugais dans le nouveau monde, avec fig.
par le R. P. Joseph-François Laffitau. *Paris*,
1733, 2 *vol. in-4.*

*Antiquités, Rites, Usages, & Coutumes des
Anciens.*

294 L'Antiquité expliquée & représentée en figures, par Dom-Bernard de Montfaucon. *Paris*,
1719, 10 *vol. in-fol.*

295 Supplément au livre de l'antiquité expliquée,
& représentée en figures, par le même. *Paris*,
1724, 5 *vol. in-fol.*

Histoire Littéraire.

296 Les Bibliothèques Françoises de la Croix du
Maine & de Duverdier, sieur de Vauprivas,
nouvelle édition, avec des remarques historiques, critiques & littéraires, de MM. de la
Monnoye, Bouhier, Falconet, & autres, re-
vues par M. Rigoley de Javigny. *Paris*, 1772,
6 *vol. in-4. gr. pap.*

297 Histoire de l'Académie Royale des Inscrip-
tions & Belles-Lettres, depuis son établissement jusqu'à présent, avec les Mémoires de
Littérature. *Paris, Imprimerie Royale*, 1717,
41 *vol. in-4.*

298 Dictionnaire raisonné de Diplomatique, par
Dom de Vaines. *Paris*, 1774, 2 *vol. in-8.*

Journeaux Littéraires.

299. Mémoires secrets de la république des Lettres, ou le Théâtre de la Vérité, par M. Jean-
Baptiste de Boyer, Marquis d'Argens, 7 *vol.*
in-12.

300 Journal encyclopédique de Bouillon, depuis
son origine, jusques & compris 1780, 25 *an-*
nées, br.

301 Neuf Lettres de M. Clément sur Voltaire.
1775, *in-8.*

Vies des Personnages illustres.

302 Les Vies des Hommes Illustres, Grecs & Romains, par Plutarque, translatées du Grec en
François, par Jacques Amyot. *Paris*, Vasco-
san, 1567, 6 *vol. in 8. m. r.*

303 Les Œuvres morales de Plutarque, translatées
du Grec en François, par le même, avec
une table générale des matieres. *Paris*, *le*
même, 1574, 7 *vol. in-8. m. r.*

304 Décade contenant les vies des dix Empereurs, extraites & traduites de divers Auteurs,
par Antoine Allegre. *Paris, le même*, 1567,
in-8. m. r.

305 Mémoires de Pierre de Bourdeille, Seigneur
de Brantôme, contenant les vies des Dames
illustres de son tems, & celles de plusieurs
Hommes illustres, & Capitaines François &
Etrangers. *La Haye*, 1740, 15 *vol. in-18.*

306 La France illustre, ou le Plutarque François,
avec les portraits des grands Hommes, par
Turpin, 25 *cahiers in-4.*

307 Vie de Michel de l'Hôpital, Chancelier de
France, par M. l'Evêque de Pouilly. *Paris*,
1764, *in-12.*   *Extraits*

Extraits & Dictionnaires historiques.

308 Le grand Dictionnaire historique & criti-
que de l'Histoire sacrée & profane, par Louis
Moréri, nouv. édition donnée par M. Drouet.
Paris, 1759, 10 *vol. in-fol.*

309 Dictionnaire histor. & critique, par Pierre
Bayle. *Amsterdam*, 1720, 4 *vol. in-fol.*

310 Œuvres diverses du même, contenant
tout ce que cet Auteur a publié sur des matieres
de Théologie, de Philosophie, de Critique,
d'Histoire & de Littérature. *La Haye*, 1737,
4 *vol. in fol.*

311 Nouveau Dictionnaire historique & critique,
pour servir de supplément ou de continuation
au Dictionnaire historique & critique de Pierre
Bayle, par Jacques George de Chaufepied.
Amsterdam, La Haye, 1750, 4 *vol. in-fol.*

312 Remarques critiques sur le Dictionnaire de
Pierre Bayle, par Prosper Marchand. *Paris,
Dijon*, 1752, *deux parties, in-fol.*

313

Lû & approuvé ce 6 Mars 1781, FOURNIER,
Adjoint.

De l'Imprimerie de GUEFFIER, au bas de la
rue de la Harpe.